Plesiosaurus

Grace Hansen

Abdo DINOSAURIOS Kids

Abdo Kids Jumbo es una subdivisión de Abdo Kids
abdobooks.com

abdobooks.com

Published by Abdo Kids, a division of ABDO, P.O. Box 398166, Minneapolis, Minnesota 55439.

Printed in the United States of America, North Mankato, Minnesota.

052022

092022

THIS BOOK CONTAINS RECYCLED MATERIALS

Spanish Translator: Maria Puchol

Photo Credits: Alamy, iStock, Science Source, Shutterstock, Thinkstock,
©Kumiko p.11/CC BY SA 2.0, ©Mike Haller p.21/CC BY 2.0

Production Contributors: Teddy Borth, Jennie Forsberg, Grace Hansen
Design Contributors: Dorothy Toth, Pakou Moua

Library of Congress Control Number: 2021951632

Publisher's Cataloging-in-Publication Data

Names: Hansen, Grace, author.

Title: Plesiosaurus/ by Grace Hansen.

Other title: Plesiosaurus. Spanish

Description: Minneapolis, Minnesota: Abdo Kids, 2023. | Series: Dinosaurios

Identifiers: ISBN 9781098263393 (lib.bdg.) | ISBN 9781098263959 (ebook)

Subjects: LCSH: Plesiosaurus--Juvenile literature. | Dinosaurs--Juvenile literature. | Predatory marine animals--Juvenile literature. | Paleontology--Jurassic--Juvenile literature | Dinosaurs--Behavior--Juvenile literature. | Extinct animals--Juvenile literature. | Spanish language materials--Juvenile literature.

Classification: DDC 567.90--dc23

Contenido

El Plesiosaurus

El Plesiosaurus vivió a principios del **período Jurásico**. Hace alrededor de 190 millones de años.

El Plesiosaurus no fue un dinosaurio, fue un **reptil marino**. Fue un tipo de **plesiosaurio**.

Hábitat

Nadaba por las aguas de lo que ahora es el Reino Unido.

Cuerpo

El Plesiosaurus fue un **plesiosaurio** pequeño. No crecía más de 10 a 15 pies de largo (entre 3 y 4.5 m). Pesaba alrededor de 2,000 libras (907 kg).

El Plesiosaurus tenía la cabeza pequeña y el cuello largo. Su cuerpo era ancho y su cola corta.

Tenía cuatro aletas grandes que le permitían moverse por el agua. Se mantenía en la superficie para poder respirar aire.

Alimentación

Este reptil era **carnívoro**. Sus dientes eran afilados para poder cazar a sus presas. Comía muchos animales, entre ellos peces y **belemnitidas**.

Fósiles

En 1823 se descubrió un esqueleto casi perfecto de Plesiosaurus. Lo descubrió la **paleontóloga** inglesa Mary Anning.

Mary Anning

Anning desenterró estos restos **fósiles** cerca de Dorset, Inglaterra. El Plesiosaurus ya se había ganado su nombre unos años antes. Significa "casi lagarto".

Europa
Inglaterra
Dorset

Más datos

- El Plesiosaurus cazaba nadando entre grandes grupos de peces. ¡Sus dientes en forma de aguja eran buenos para atrapar peces!
- Aunque no fue un dinosaurio, vivió en la era de los dinosaurios.
- Su piel era suave, lo que le permitía nadar fácilmente.

Glosario

belemnitida - tipo de molusco extinto, encontrado como resto fósil en depósitos marinos de los períodos Jurásico y Cretácico.

carnívoro - animal que solo se alimenta de carne.

fósil - restos, impresiones o rastros de sustancias que vivieron hace mucho tiempo, por ejemplo esqueletos, huellas, etc.

paleontólogo - científico que estudia paleontología, esta ciencia estudia los fósiles de animales y plantas para averiguar información del pasado.

período Jurásico - período geológico que duró 56 millones de años, finalizó cuando comenzó el período Cretácico.

plesiosaurio - gran reptil marino extinto, de cuerpo ancho, extremidades con forma de pala, cabeza pequeña y cuello normalmente largo y flexible.

reptil marino - reptil adaptado a vivir en el mar.

Índice